La pluie

et

le beau temps

Ye

DU MÊME AUTEUR

Les Palais nomades (épuisé).
Chansons d'amant.
Domaine de fée.

Sous presse :

Jules Laforgue.
Limbes de lumière.
Le Roi fou.

En préparation :

Le Conte de l'Or et du Silence.
Le Livre d'images.

GUSTAVE KAHN

La pluie

et

le beau temps

> « Tout passe, ma sœur, devant nos curieux
> regards comme ces objets de la lanterne
> magique. »
>
> LA METTRIE.

PARIS

LÉON VANIER, LIBRAIRE-ÉDITEUR

19, QUAI SAINT-MICHEL, 19

1896

DE CE LIVRE IL A ÉTÉ TIRÉ

25 exemplaires numérotés sur hollande.

PAYSAGE

Entre deux averses
Le soleil trompeur a vêtu la terre
Comme d'un habit vert doré,
La lande est couleur de cétoine,
Des papillons violets y semblent voler
Près du caille-lait, et la folle avoine.

Un arc-en-ciel
Se présente un instant,
Equivoque charlatan
Trop fardé et trop beau paré
Pour séduire les paysans
Et les traduire en plein ciel.

1

Des nuages blancs en forme de jonques
Ou de chariots galants
Passent lents, triomphalement
Sous un ciel bleu de bergeries
Comme pour une odyssée longue
Vers une fête au paradis.

Le soleil trompeur
Le soleil jaunissant
Se retire cauteleux et prudent
Loin des justes malédictions
Car revoici dans leur horreur
Les larges flots et les tourbillons
De la perfide et prodigue averse.

DÉCOR D'UN INSTANT

A Madame Elisabeth Kahn.

Les fleurs coupées meurent en haleine chaude
    Dans des vases de Rhodes
    Luxueux de branches d'émeraude
    Et de roses aux telles couleurs
Que les fleurs vivantes défaillent en pâleurs
Près de leur éclat de jouets de durée
Brillant et factice comme une ode.

Les fleurs coupées, quand elles meurent, tressaillent,
    Des ondes de mouvement les sillonnent.
Leurs faces de safran, de vermillon, de jaune d'or

A l'heure fraîche, un peu poudrées, frissonnent
A l'approche louche de la mort qui cisaille
Leur menu songe de toilette et de beauté.

Les calices s'exhalent aux aiguières ;
C'est comme le départ d'un automne très doux
De beau silence et méditation fière,
      Vers une dure frontière
      En mauves et liliennes robes,
    Vers une âpre défense qui dérobe
    Des caresses à d'autres caresses
D'un geste d'inflexible et silente tristesse.

     Et cet instant de cruel nonchaloir
De fin inéluctable parmi l'éclat des choses,
L'esprit prêt à partir sur les nefs d'améthyste
Appareillant aux îles de miracle et de gloire
L'assimile aux pages claires et sibyllines
Où la voix grave des sultanes conte l'histoire
Des perles, des péris, des sources, des princesses tristes
     Dans les cavernes étincelantes de statues
Et les jardins d'hymen où ne s'est jamais tu
Le trille du rossignol mourant au pied des roses.

LA MER DANS LA NUIT

A Paul Fort.

La mer, avec un bruit de heurts de fer, déferle,
C'est le son d'invasion torrentielle de barbares
Avec des suites lourdes d'épais chariots criards
De dures voix d'esclaves, convoyeurs de captives
Epars, au sort des routes, sous l'éclair du hasard.

Elle hurle un meuglement de vache souveraine
   Humant sa route en effrois bavards
   Par le silence obtus et tassé de la nuit
   Et le tonnerre de sa voix que lui renvoient
   Les échos des bourgades aux plaines
   S'accentue en barrissement d'ennui.

1.

Elle se rue de force épouvantable aux digues
Ses appels résonnent aux remparts de briques
Comme pour provoquer quelque adversaire géant.
Elle sonne la menace contre bêtes et gens
    Pour lutte de voix haute et de tonnerre
    Elle se broie en appels stridents
Roulant des blocs de pierre aux mains de durs Titans.

    Des galops de rafale s'enlèvent
    Croissent et durent, chargent contre le seuil
    Immobile de la terre en deuil ;
Les vagues vers la lune comme des seins se soulèvent
De tous leurs lourds remous d'horreur et de naufrage,
    Palpitent furieuses et se bombent
    Tandis que le vent de toutes ses trompes
        Accélère leurs bonds de rage.

    C'est la rumeur des grands trains fous
    Dressant les wagons en feu
    Avec des grappes d'êtres tordus
    D'êtres aplatis sous les coups
    Du métal aveugle et furieux
    Et des faces subites de fous
    La bouche fendue en un grand trou.

Le bruit des pas de foules torves et muettes
    Avec des têtes au bout des piques
    Roulant par les rues désertes
    D'une large ville terrifiée ;
L'horreur de l'ombre bruissant en la forêt
Sans lueur, sans clairière, sans retrait
    Où périssent des fugitifs
D'affres de faims, tortures de plaies.

    Voix monocorde et de terreur
    Voix de spectres traînant des fers
Voix d'orpheline énorme de douleurs
    Voix de menace
    Voix d'ogre qui se désespère
De la pâture rare et d'entraves à sa chasse
    Voix de lourd péril instant
    Cris de bourreaux, voix du néant.

NUIT

A Jules Soury.

O Majesté d'un tel silence, que la brise
Se jouant aux débris, las ! futiles des feuilles
Semble écho d'un baiser, vers le soir, près d'un seuil
Où de calmes génies, laissant la robe grise
D'une incarnation précise et mal comprise,
S'entre-consoleraient raffermis et radieux
Aux fraîcheurs du sommeil qui flotte sous les cieux
Où roule lymphatique la lune maladive.

Cette nuit claire est dense en sa substance
    Son cœur de paix n'attend rien ;
    Elle n'attend rien, la génitrice

Dont la traine s'émaille en merveilles d'apparence ;
A ses mains lactées, le souci et le silence
   Fleurs de son natal jardin
  Ouvrent le dédale de leurs calices.
  Les phalènes du songe et de l'espoir
Messagers aux yeux de feu dans leurs ailes noires
Y viennent puiser les sucs des promesses d'aubes vives.

Ce n'est pas la nuit frêle d'héréditaire frisson,
La nuit où dort Psyché sur les gazes des lèvres
Ni la trouble où Médée a daigné la toison
Pour une caresse à sa sourde fièvre,
Ni l'onde violette propice aux flancs de Bethsabée,
Ni l'ombre où déchira sa robe de prairie
Brochée de grands oiseaux et de moissons jaunies
Perséphone, curieuse des colonnes d'ébène
Où trône le tentateur sévère des géhennes.

  C'est la morne nef de l'énorme serre
   Où croissent les tiges des destins,
  Son reflet y tend un miroir lointain
   Pâli d'une ombre millénaire
  Où la Vérité solde ses mercenaires
  D'une étreinte de ses bras décharnés
Vêtue des durs glaciers de son austérité.

NUIT D'ÉTÉ

A Mademoiselle Moréno.

Nuit charnelle sous ses bleuités,
Nuit de caprices d'Italie,
Nuit de parfums en vols vers les contrées
Où des masques se reconnaissent,
Nuit éthérée, nuit cythérée,
Nuit de Philomèle, victime de Térée,
Nuit où Diane abandonne la laisse
De ses fauves lévriers !

Nuit sur les bois enamourés
Où la Ménade déchire Orphée,
Nuit aux rêveries d'Eurydice,

Nuit de brefs météores,
Heure de présages qui glissent
Sur nos faces d'ardent encore,
Nuit qu'interrogent nos destinées
Scrutant ta face d'âme lisse,
Nuit d'Açores et d'Iles Fortunées,
Nuit d'imbroglios, nuit inspiratrice,

Nuit d'Hippolyte et de Thésée
Où voguent les tremblants esquifs
Que tu fêtes et tu colores
De pavillons à beaux clous d'or
Qu'à nos yeux vagues tu arbores
Pour décevante destinée
De périr chaque matinée,
Nuit ironique, gaie fleur d'été,

Nuit couleur des flots de la mer,
Impalpable, aux horizons clairs
Mais sombre pour l'immédiate embuscade,
Nuit de gracieuses mascarades,
Nuit de sournoises rasades,
De couteaux et de fusillades.

Nuit d'été, douce factice, reine du hasard
Face d'Isis, cavité drue, Priape des phares,
Fleurs d'or sur le terrain des mausolées,
Songe creux sur nos axiomes de crédulité,
Tente florale d'erreur parée de queues de paons
Sur nos citadelles de certitude à quatre pans
    Et pourtant, vastitude désolée.

Berce ce blême chef de nourrice décapitée
    Que tu dorlotes de tes nuées
    Ou qu'exposes à notre mémoire
    Comme la fin froide de toute gloire.

Voici la sœur d'enfance et l'éternité morne.

LE CALVAIRE DU VILLAGE

A Jules Case.

La mendiante du village
  Tremblote et marmotte
  Sa peine régulière.

Sa tête coiffée d'une marmotte
      Fléchit sans cause
Pendant que ses lèvres ânonnent
Une même demande d'aumône
Aux hommes, à Dieu, aux choses.

Le Christ morne du calvaire,
Morceau de bois mal équarri,
Asile pourri des chauves-souris
Protège sa halte de misère.

Ses yeux vagues supplient les bœufs,
Le curé enfoui au bréviaire,
Le sceptique clerc du notaire,
Du même atone regard veuf.

Ses yeux ne voient plus guère
Que sa main qui tremblote,
Que sa main qui radote,
La prière aux mains aumônières.

Le pays n'est pas charitable,
Il fait dur au temps des moissons.
L'inclémence est de toute saison ;
Les fruits sont rares pour la table.

Le rustre épargne son pain rassis,
Sa main noueuse ne délie
Jamais sa bourse qu'aux débits
Pour un réconfort d'eau-de-vie

Et la si peu vivante, si morne,
Croupissante aux pieds de l'idole
Insensible comme une borne,
Toute l'aigre année se désole.

De quoi vit-elle, de l'air du temps
Du ciel pluvieux, de l'autan
De la neige drue ou du sang
Qui ruisselle du soleil couchant?

Non ! vers le soir un galopin
La vient chercher qui la ramène
Vers le gite, où chaque semaine
On lève et cuit les larges pains

Grâce à ses anciens travaux
Dans les fermes et les hameaux
Et dans les basses rues des villes,
Travaux d'allure et de faucille.

Apre cœur de vieille qui attend
Au soir brumeux de son cadavre
Quelque aubaine, quelque argent
Et ancre son âme au doux havre

D'un pardon qui tombe des cieux
Sur les carcasses des vieux
Qui implorèrent et mendièrent
De façon pieuse et casanière.

N'espérant pas de survie,
Que ferait donc au paradis
Son âme selon son corps plié
Dans un geste d'humilité ?

KNOCKE

A Madame E. K.

Les arbres que le vent tordit
Du poing de fer de son vent d'Est
Attendent troupeaux infléchis
Drus et serrés, barreaux de cage
Autour des canaux où la rage
Du vent, trace à peine un pli,
Les coups de foudre de l'orage.

L'horizon est rose pâle sous une nue verdie
L'horizon est concret de pâleurs rosées
Un fil jaune semble sertir des nuées
Si vaguement bleuies, d'un ton d'eau esseulée
Parmi les trous de la terre verte et jaune —

2.

L'incarnat se retire des faces du ciel
Et plus drue, plus sèche la lumière s'étale
Sur la large plaine verdâtre et glauque et fiel
Et la pluie résonne les gouttes musicales du métal.

De petits arbres se raidissent,
Les petites fleurs tremblotent,
Les maisons sont comme nids
Blottis ou sourds aux dangers lourds,
Près des moulins immobiles —
Les maisons stagnent lourdes et futiles
Abris pauvres près le vent de mer,
Les maisons sont taches blanches
Éparses comme le troupeau de vaches blanches
A travers la plaine où grisselise
La chanson morne de la pluie falote.

Les lointains de la terre mirent bleu
Un bleu profond, plus bleu qu'azur.
La promesse morne des lointains
Toujours neuve, et menteuse, trompeuse de faims,
De faims de devenir et de rêve s'affirme,
Plus apparente et plus certaine en abris sûrs,
En cases d'Avalon et de Florides sûres.
La joie obscure des lentes terres,
Vibre en ses bosquets rabougris.

Tandis que lente et dure la pluie
Jette ses disques de vie sur l'eau meurtrie,
Le total horizon s'endeuille de tons de suie.

LIED

A Madame E. K.

Bien-aimée, bien-aimée
Des ondes calmes sont passées,
La plaine est d'or lisse
Sous des rayons tièdes ;
La plaine est d'or jaune.
Un bon vieillard trône
Dans les rais solaires.
La bise a rogné ses colères,
Août léger glisse sur la terre,
Les mains pleines d'ombre et de fruits.

La clarté filtre au travers des feuilles,
Comme aube liquide qui luit,

Comme onde légère qui fuit.
Vacillantes au moindre bruit
Les tiges des herbes folles
Se ploient, graciles à la bise qui vole
Comme un oisel nouveau-né.
Août berce la terreur plaintive
Des créatures des folioles
Et de toute l'herbette vive.

Bien-aimée, bien-aimée,
Vois les candeurs du sourire des choses
Vois aux vignes fleurir les naissances des roses
Vois l'heure éclore en douceur molle;
Août jase de toutes ses ailes
Et s'abandonne en une caresse de paresse.
La force de l'amour tend ses paupières frêles
Bien-aimée, bien-aimée.

LIED

A Madame E. K.

Le bonheur vient comme un rôdeur.
On est morne, on laisse passer.
On parle de l'ancien malheur,
Et c'est fini de l'aube claire.

Le malheur glisse de son repaire,
On est enlacé près du foyer doux,
On n'entend pas ses pas flous
Et c'est fini de l'été clair.

Et puis plus rien ne vient jamais,
On attend devant sa porte ;
Des indifférents entrent, sortent,
Et c'est fini de la vie claire.

Oh ! belle ! gardons nos mains unies,
Tant d'êtres pleurent sur les genoux,
Gardons une seule âme en nous,
Notre joie claire.

LIED

A Madame E. K.

Qu'importe que je parle,
Que je rie, que je crie
Le vent glisse et s'en va, le vent parle
Plus frissonnant que mes cris

Qu'importe n'importe quoi.
Et les cris trop longs sur la croix.
L'on n'est qu'un écho de l'éternel émoi
Que le vent des mers emporte.

Qu'importe danses ou démences
Et qu'importe n'importe quoi
Les roseaux frissonnent d'un émoi
Eternel et sans cause, de par la vieille loi
Sous les cris du vent qui passe et ne repose.

DIALOGUE EN ZÉLANDE

A Edmond Pilon.

Bonjour mynheer, bonjour myffrau.
La bière a pâti de l'orage —
Aujourd'hui le vent a fait rage —
Le Chariot rouge des Trois-Rois
Est venu ce matin si froid —
Aussi l'ai-je vu repartir,
Il était dix heures, je crois.

Dimanche on se mariera.
Nous verrons les beaux bijoux d'or,
Le nouveau carillon tintera,
Nous irons voir, myffrau —

Mynheer, à l'auberge on dinera ;
On tuera poulets, agneaux gras.
Mynheer, irez-vous là-bas ?
Oui, peut-être bien, myffrau.

Mynheer, le temps est triste encore.
Myffrau, le temps est au froid
L'orage fait vrai tort à la bière. —
Tiens, voici sur une civière
Le vieux maçon du quai, voilà
Ce qu'on lui prédisait tant.
Il était vieux, bien vieux, mynheer.
Un baptême, un enterrement.

Le fossoyeur est vieux, myffrau
Donnez-moi une chope de bière.
Les belles roses qu'avez là, myffrau —
C'est le voiturier des Trois-Rois.
Qui les apporta, mynheer,
La bière est bonne malgré l'orage. —
Ah ! qu'importe l'orage au sage ?
Adieu, mynheer, adieu, myffrau.

PAYSAGE

A Lucienne.

Des chimères d'or et d'argent,
Songe d'Esplandian ou de Galaor,
Volètent aux marguerites d'or
Près la lame claire de l'étang.

Le vent joue aux tiges des roseaux
La marche de la forêt qui marche.
Ses tambours sont cachés sous l'arche
A l'ombre creuse du petit pont,
Et ses fifres, les oiseaux
Un instant, se taisent, prudents.

Les chevaux déharnachés
S'ébattent dans la prairie.
Près l'eau, comme armures délacées,
Et panaches de guerre aguerris
Des faux, des brocs, des chapeaux.

IMAGE

A Robert Scheffer.

Le rire de Bacchus résonne par les bourgs —
    Où neigèrent les roses rouges
    Les pleurs pleuvront à leur tour.
Des cortèges s'enrubannent aux vertes routes
Selon le rire de Bacchus, et ses fifres, et ses tambours.

Le rire de Bacchus résonne par les bois —
Des branches ombreuses aux lèvres en émois
Aux bosquets cachés, où se tarit la gourde.
    Des vieilles aux mains gourdes
    Feront des falourdes de bois
Pour quand viendront les mois d'hiver, à l'allure sourde.

Les fanfares et les grelots de Bacchus rient de liesse
Des chœurs alternés s'élancent des charrois —

Où dansa l'Eté, selon sa promesse
D'amour ruisselant par les fenaisons
Les dos lourds courbés par le poids et le froid
Passeront muets et désertés de joie —
Le rire de Bacchus sonne de rares fois
        Sa vraie chanson.

LES BEAUX CAPTIFS

C'était sous un ciel de turquoise et de mica
Immobile et pesant comme une belle tenture,
Armure de splendeur fixe, inflexible clôture
A l'essaim des songes vers les caprices de là-bas,
Un grand jardin pompeux, robe d'un rare palais.

Aux larges baies de marbre de la façade
D'hermétiques étoffes d'or tendues comme pavesade
Et les marches des perrons étincelaient
D'un solitaire et fixe éclat de lumière de lait.

Les allées du jardin savamment colorées
Du sable riche des mers orientales
Convergeaient, majestueuses, vers une étoile
D'onde pure aux rutilances de métal
Qu'aucune bizarrerie du vent ne ridait.

Les arbres étaient aussi strictement droits
Que les nombreux barreaux d'une très haute grille
Ornée et façonnée de feuillages d'aiguilles,
Buissons de fer doré, gardiens aux durs octrois.

Des passages muets de manteaux d'écarlate
Aux épaules des seigneurs décorés de pierreries
Éclairaient d'un surplus de feux les avenues ;
Des soleils luisaient vers les bancs où leurs haltes
Saluaient un instant des dames revêtues
Du trésor de couleurs ardentes et de diamants
Que conte à l'homme la parure du soleil couchant.

Et le jardin enclos de ses lances dorées,
La paresse des paroles autour des vasques de pureté,
La rareté du geste sous ce ciel hermétique
        Et sur ce sol ensommeillé
            Suggéraient au poète
Au ras de cette splendeur arrêtée dans sa quête
D'air d'ombre, de danses vives, de sources fraiches
L'idée d'une cage colossale et bariolée
        Où de gros oiseaux pavaneraient
            En livrée de luxe et de paresse
Sous l'œil indolent et impassible du soleil.

VIEILLES MUSIQUES

La flûte exhale un mineur fané
Près de la sensible guitare.
L'épinette suit d'un air lassé
Le mineur d'allure incertaine
D'un vieux flonflon de Grisar.

C'est la folle et le bal
La valse tourbillonne !
O jeunesse brouillonne,
O mil huit cent quarante !
Elle belle et bonne
Et lui bien fatal.

Lucie se lamente à la grève
Inès aux grilles du couvent;
Les murs de glace du néant

Enserrent Raoul et Valentine ;
Si l'Alcazar est un beau rêve
Cythère est un lieu charmant
Tout près du balcon de Rosine.

Le page et le capitaine
Conversent avec l'écuyer,
La chasse corne, ton-ton, ton-taine.
L'Eternel est un bouclier
Pour Moïse ou le bon croisé,
Guillaume sur les glaciers
Écoute la plainte lointaine
Du plus alpestre des chevriers
Et Jeannette file la laine.

Dans la salle où des pastels
Chantent d'autrefois jeunes romances
De coloris *fraicheur d'innocence,*
Elles étaient douces ! pensaient-elles,
Ils étaient si troublants de vaillance.

Pour finir en pleine gaieté
Ils entament une styrienne
Puis autour de la tasse de thé
Chevrotent les amours anciennes.

HAMEAU DE FRONTIÈRE

Le hameau dormant dans les friches près de la mer
Entre les plates terres, mousseuses de bruyères
S'éveille lorsque le pas d'un passant frappe la pierre
De l'unique rue, entre les cahutes blanches, prisonnière.

Des lueurs d'yeux épient, à travers les rideaux ;
Est-ce porte-balle, ami rôdeur de route,
Bon compagnon fraudeur des bidons d'eau-de-vie
Ou le terne douanier, chasseur qu'on redoute ?

Est-ce le pas scandé du gendarme
Mandé par quelque quotidien vacarme
Celui de la veille, ou de l'avant-veille ?
Les hommes sont cachés dans l'appentis avec une arme
Et la conscience du village guette — ce sont les vieilles
Mentant sur leur seuil la misère et les larmes.

Les pas s'effacent, au loin, vers l'horizon,
La ruelle se remplit de trainantes chansons :
    Les vieilles marmottent grâces à Dieu ;
La conscience du hameau s'est encore assoupie :
Gamins et hommes, sans parler (parler nuit),
De toute leur large bouche carnassière, rient.

LA DUNE

A Max-Arthur Stremel.

La plaine est jonchée de soleil —
Vers les lointains monticules,
Le bétail et ses pelages blancs
Et le crépi des maisonnettes blanches
Et les cretonnes d'été, bien blanches
A travers les sentiers blancs
Piquent les mêmes taches minuscules.

Parmi l'herbe drue et rêche
Des fleurettes jaunes s'égaient
Pour qui c'est l'orage prochain
Le passage d'un oisel bénin
Dont les ailes font un pan de nuit
La seconde d'un vol sur le jour qui luit
Pour le chardon et le caille-lait.

Et par les menues cavées
Au sol des dunes courtes brèches
Les beaux insectes aux cuirasses en gloriole
Mille-pattent aux herbes folles
Admirant l'élan des papillons blancs
Qui dansent vers les nuages blancs.

LIED

L'heure du nuage blanc s'est fondue sur la plaine
En reflets de sang, en flocons de laine
O bruyères roses, ô ciel couleur de sang.

L'heure du nuage d'or a pâli sur la plaine
Et tombent des voiles lents et longs de blanche laine
O bruyères mauves — ô ciel couleur de sang.

L'heure du nuage noir a crevé sur la plaine
Les roseaux chantaient doux sous le vent de haine
O bruyères rouges — ô ciel couleur de sang.

L'heure du nuage d'or a passé sur la plaine
Éphémèrement : sa splendeur est lointaine
O bruyères d'or — ô ciel couleur de sang.

PAYSAGE

Les chevaux blancs de la tourmente
Hennissent vers la mer en courroux,
L'éclair vole comme un messager ;
Grises, blanchâtres, opalescentes
A sa suite les nuées pressées
Foulent la terre — La vague s'ébroue
La foudre a violenté la terre.

Le ciel se dégage ;
Encore le licou
De l'heure d'habitude entraine tout
Vers la route humide de la mer
La plaine sourit, l'homme se secoue
La vague furieuse reprend son pli flou
La mendiante se reprend à coudre
Et vers le pré vert
Scintillent à nouveau ramages et verbiages.

AVANT L'ORAGE

L'esprit souffre aux chaudes géhennes
    D'un août procelleux ;
Les nerfs se tendent aux membres lourds de chaines,
    Sous le trop calme ciel laiteux ;
L'esprit s'irrite du lourd silence
    Accroupi sur la campagne ;
Les voix portent trop loin et trop loin s'élancent
    Des touristes et leurs compagnes.
A des tourbillons gris pâle les moucherons
    Ballent rectangulairement ;
Les sauterelles crient aux herbes d'indolence,
Le ciel se contracte en plis d'ombre profonds.
Au-dessus du sommeil lourd des prairies
    L'orage noue les rages des éléments,
    La prairie s'étale désespérément.

De vagues gémissements font craquer le silence,
La terre souffre de trop longue discrépance,
    Trop longtemps elle attend
    Le fracas mou de l'ouragan.
    Le sol se fendille et les nerfs crient
    Sous le ciel hypocrite et laiteux
    D'un août procelleux.

MARINE

A Mademoiselle Mary de Komar.

La mer, cotte vert sombre
La mer, rubans bien blancs,
Coquète sous l'ombre
D'un ciel menaçant.

Des nues noires poursuivent
Les gais flocons blancs.
Une lune massive
Indique son masque blanc.

Des neiges se colorent
Encore d'un sourire blanc
Au ciel que dévorent
Des monstres géants.

La mer féline
Se penche et câline
Les barques noirâtres
Aux voilures grisâtres,

Les voiles bleues du ciel,
Les voiles blanches du ciel
Filent à tire-d'aile.

Les frêles hirondelles
Rasent les ravines
Près la mer féline.

Brusque gronde la voix
Par-dessus l'arboie
Du rauque tonnerre
Soudain à l'éclair.

Et la mer féline,
La mer en cotte verte
Un instant coquète
Sourit et câline.

Puis déchaine sa tourmente blème
Autour des barques qu'elle aime
   Qu'elle aime disjointes
   Pleines de mains jointes.

PERCE-NEIGE

A Madame Paul Fort.

Il fait si triste, il fait si tard,
C'est telle pâleur sur face sans fard,
C'est la chute lasse des voiles le long des mâts
La trop morne paix d'un soir de frimas
Comme une vie qui glisse sur la neige
Et la divine Perce-Neige
La retrouvera-t-on sous le ciel, si tard,
La belle survivante que nulle mort ne désagrège?

On a torturé la petite Perce-Neige,
On lui met aux doigts des cadenas,
On peinturlura sa simple robe de jaconas
De Sioux hurlant sur des pistes.

Tous les périls à l'improviste
Fondaient sur son corps de pêche ;
Sous ses oripeaux qu'on décora,
Se reconnait-elle la petite Perce-Neige ?

C'est une pure et frêle fillette
Qui souffre au contact et geint au dormir,
Des folioles pâles parent ses mains nettes,
Ses mains trop blanches comme cire,
Elle rêve un retrait loin des turbulences
Des rois d'hiver, de printemps et d'été.
Ses yeux sont couleur de feuilles d'automne
Et ses pas ont toujours glissé,
Mais sa voix est frêle comme une chanson de source,
Et ce sont de lourds charrois qui sont passés
Tout le jour entier aux routes du désir,
Charriant le gros vin en lourdes tonnes
Vers des halles, près des Bourses.

Il fait si tard et si perclus,
Voici passer un chœur d'élus
Devisant de l'amour et de la mort.
Puis c'est un cheval sans mors
Qui s'ébroue dans les avenues,
Le chœur des élus lui donne tort.

Autrefois elle aimait marcher
Par les sentiers pleins d'églantines.
Elle savait trouver les muguets des ravines,
Tandis que les bons hôtes
S'en allaient fouiller leurs mines
Ou cultiver leur verger.

Maintenant c'est l'hiver sur la ville ;
Il fait un ciel noir de suie
Et nul regard doux n'essuie
Les douleurs qui la vrillent,
Elle s'étendra un soir de verglas
Sous ce ciel si tard, sous ce ciel si las.
Sous le ciel sans au-delà
De la riche, trop riche ville.

CORTÈGES A LA MER

A ma fille Lucienne.

La nef aux rames tranquilles
    Aborde au plaisir.
Sa quille effleure les coquilles
    Du sable de la rive.
Le vizir descend d'abord,
La cage des perruches arrive,
Puis la sultane et le sultan ;
Le bon peuple bée et attend
    A d'autres rives,
    Il attendra tant.

La mer est une imagette
Qui reflète un ciel gentil,
Un bon ciel que le peintre guette,
Bleu ciel pour tente de coutil.

Et le prince et la princesse
Oh figurettes! oh figurines!
Descendent sur la douce mollesse
    Du sable de la rade.
Oh figurines! oh figurettes!
Et puis saluent et font trois pas
    A la parade
    En belle toilette.

Trois pas vers le trépas, Altesses,
Et pour qui? la grève des fous
    A trop remué les cailloux
    De la terre plane.
    La grève s'aggrave,
L'émeute grimpe aux drapeaux ;
Les jardins de betteraves
Pour le sucre et les troupeaux
Le populaire les dévora,
Un soir d'émeute de gala.
    Il mange tant.

Ah ! temps perdu, qui rappellera
    Sur la vaguette, le passage
    D'un vrai cortège de rois.
    On caquète à voix d'aras,

On piaille, on épie, on décrète,
Les coqs hérissent leurs crêtes
Dans les basses-cours.
Sont-ce des rois, des étrangers ?
Des grands ambassadeurs de cours,
Des feudataires !
Voyez leurs servantes coquettes !
Écoutez les chambellans se taire !
Ou sont-ils histrions en voyage !

Las ! bonnes gens ! c'est la destinée
C'est le mirage familier
Dont vous êtes sans cesse en quête.
Ils viennent à votre ardente requête
Mais, bonnes gens, vous n'avez pas vu,
t vous l'auriez vu, n'auriez reconnu
Votre rêve à nu.

LIED

Fils de roi, fils de roi
Vous vous en irez quand sonnera l'heure.
Dame, je ne sais.

Fils de roi, fils de roi
La bruyère est courte, pour l'élan d'une heure.
Dame, je ne sais.

Fils de roi, fils de roi
La terre est plus belle au loin de ce palais
Plus large à chevaucher au gré du bon varlet.
Dame, je ne sais.

Si tu savais plus, mauvais écuyer,
  Près de mon rouet, saurais te garder.
   Fils de roi, fils de roi
Vous m'avez caché bien des chevauchées.
   Dame, je ne sais.

LIED

A Félix Fénéon.

La face si pâle dans la rose
Luzerne, luzerne, on y vole.
La face si pâle, en ses pleurs, rosée
D'incarnat de douleur menacée —
Aux avénerons broutent les destriers.

On ne parle plus, aux châteaux de décembre. —
Greniers pleins de blé, de blé mûr, on y vole ;
Pourquoi pleure la face en cette matinée
La face si douce, aux roses pourprées. —
Les caves de vin, Messires, on y vole.

C'est mirage de rêve, la face de destinée —
Luzerne, luzerne, nourris les destriers —
C'est mirage de fol espoir les pleurs de rosée

De Viviane de douleur menacée —
Aux avènerons broutent les destriers —
Château de décembre aux parterres de roses
Les fourriers d'infini aux portes ont frappé.

Dame Viviane a forcé
Si souvent la lune à danser.
Dans ses coffres on y vole —
Les varlets de noir habillés
Forceront Viviane à danser. —
Aux avènerons s'ennuient les destriers.

LA PLUIE

A Mademoiselle Camille Platteel.

La pluie tend des écharpes grises
Aux ailes immobiles des moulins,
La mer de cendre s'immobilise
En un ciel couleur d'âtre éteint.
Pas un oisillon qui pépie
Les lièvres terrent leur peur en folie
Dans les sapinières au vert plus verni
Sous l'âpre rosée de la pluie.

Et se hâtent les mantes noires
Des paysannes au grand trot.
Le village est si loin dans l'herbe,
Si loin l'âtre au large manteau

Brillant des grands brocs d'étain;
Loin les coqs dorés, les poules noires
Sur faïence au ton de vieil ivoire
Et les douces fleurettes que la serpe
Colligea lors des promesses du matin.

Enfin! un vol large de mouettes
Et leurs cris d'appels sur la plaine muette
De cette terre et cette mer confondues,
Par les réseaux d'onde céleste toute vêtue
Du même voile grisâtre.
Les coureurs des côtes volètent incertains
Entre l'herbe perlée et l'algue,
Entre les rivages et les sentiers en flaques,
Dans l'infini vague de la lande et du lac.

La pluie sourd comme tristesse de mendiante,
La pluie geint comme un enfant maussade.
La terre dort sous sa large rasade,
Les gouttelettes floches s'écrasent,
Le vent geint dans les bouleaux pliants,
La pluie pleure un conte d'enfant,
Les mouettes le redisent au vent
Et tout se courbe sur la plaine rase.

LIED

A Madame E. K.

Ame, belle âme, d'où viens-tu, ce soir ?
— Du plus loin qu'il me souvienne,
Oh le pays aimé, qu'il revienne,
Le doux pays de rêve, en coteaux près de la mer !

Ame, belle âme, où vas-tu ce soir ?
Dans une ville lointaine et d'aurore
Des fruits de terre chaude éclatent en parfums.
Et près, des fleurs que j'ignore,
Ah ! pauvre âme, âme froide du nord,
Je vais dans une ville, aux fêtes de parfums.

Ame, belle âme, où iras-tu demain ?
Ici près, par un chemin paré d'églantines,
    Brusque se dévoile la mer azurine ;
Des brigantines prêtes vous mènent dans la mer
    Et des diamants illusoires
Naissent, se jouent, et chantent pour un moment ;
Pour les voir s'arrêtent les barques des corsaires ;
    Brusque se dévoile la mer azurine.

Ame, pauvre âme, nous irons demain.

LIED

C'est d'une incertaine tristesse
Le long de soirs mal flambants
De dentelles et de tresses
Et de pèlerins au mal lent
Sous la lueur qui ne sait vivre
Plus monotone que du givre
Et plus grêle qu'un soleil levant.

On ne vend que roses coupées,
Roses meurtries d'un sol sanglant
Et dols et viols s'en vont trainant
Un pas maussade d'à quoi bon
Aux boulevards mal sinistrés ;
Les reines sont aux rois, aux escrocs le pavé.

C'est d'une fièvre à l'agonie,
Les gens esquissent des chansons
Avec des gestes d'échanson
C'est triste à mourir et pourquoi ?
Puisque l'essai loyal du moi
Dure depuis des temps, sans choix.

PAYSAGE

A Madame Henriette Fretin.

Près de l'église abandonnée
L'ombre vaste murmure un chant
Un chant lourd de gammes mineures,
Une écharpe de brumes enlace le silence,
Et la lente randonnée
Des passants las s'affaisse aux bornes du chemin —
Des naïves joignent les mains
Vers les balcons aux balustres d'ombre de la nuit
Vêtue de gel triste et d'étoiles qui meurent.

Près de l'église abandonnée
Les sables de la mer se sont mamelonnés —
De frêles arbrisseaux sont nés
Qui se penchent sous l'allure lente des nuées —

L'herbe rare étoile la livide dune
D'un maigre florage brodé sur un linceul.
Et les doigts d'enfants des simplettes naïves
Tordent amusés en bouquets d'infortune
Les pauvres folioles des terres de dérive
Où le chagrin pesant des choses gravite seul
Parmi l'écho frivole des autans sous la lune.

L'orbe d'or éclatant du phare
Vit par delà les mers, les mers désertées
Car les barques sont frêles
Et seules les mouettes aux blanches ailes
Savent les nouvelles de la flamme au doux regard
Du mirage, miroir d'anciennes routes par les sables.
Les passants trop las ne le regardent plus
C'est un astre chimère du pays des hasards.
La fatigue implacable
A raidi leurs membres sur le sable.

La pâle église abandonnée
Se décharne en sa vétusté.
Les maigres fantômes erratiques des plaines
Frappées dans leurs entrailles nourricières,
Les phalènes de cimetière
N'en poussent plus les verrières vaines.

La chanson d'accueil des vieilles pierres
Est si basse que nul ne l'entend
Parmi les arpèges inconsolés du vent.
Et c'est la mort par les sables
Toujours plus livide et plus inéluctable
Parmi le va-et-vient des simples et des partants
A toute aube vers le même crépuscule fatigant.

FOLIOLES

A Madame A. Stremel.

Sur les jardinets défleuris
Sur des carrousels de folioles
      Un peu folles,
Octobre verse ses mélancolies.

Il revêt les heures jolies,
Plus peureuses au tomber du soir,
D'un mantelet d'or terni
D'un capuce de velours noir.

Les folioles dont la vie s'achève
Une fois encore dansent les menuets
Démodés, en leurs robes fanées ;

Une révérence, encore et puis le vent
Au rythme de son fifre strident
Les emmène par la nuit et la grève
Les folioles mi-folles.

PAYSAGE

A Madame Trinité Lacoste.

C'est par un morne soir du monde —
La fatigue d'un dieu pèse sur l'horizon
Et les marais éplorent de leur prison
De muets émaux de deuil et d'infini
Par un soir de crépuscule du monde.

Là sont passés de pâles pâtres en déroute
    Devant les éléments ennemis,
Des douloureux quêtant la bonne route
    Vers le temple dont l'image guérit,
Là chevauchait seul et distrait le bon Tristan
Loin des gloires et tournois du monde,
Et les bons ermites clôturaient de gazons
Leurs cœurs endoloris du spectacle du monde.

C'est par un morne soir d'automne indéfini
    Des vols de milans volutent au ciel clos

Des pasteurs géants miroitent sur les eaux
      Dormantes
Leurs fantasques troupeaux éclos au firmament ;
   Vers le nord de rêveuses géantes
S'abritent du silence sous le lourd pli de mante
    Du crépuscule morne.

    Là sont passés des oiselets amants,
Pérégrinant leurs baisers des solitudes,
Et de calmes errants sous la mansuétude
D'un ciel d'autrefois, or, argent, diamant bleu
     Egrenaient leurs chapelets de rêve
    Loin des fanfares au passage des preux.

Par le morne horizon sur l'amplitude de la forêt
    Des voix chuchotent dans l'exil —
     Sur les rochers qui dorment aux iles
  De funèbres oiseaux blancs se sont posés ;
Non loin, le batelier des morts 'end ses filets.

   Vers l'âme de Marie salvatrice du monde
   Appareille l'écho du cloître désolé ;
De vagues voix, et longues et blanches, par le silence
    Murmurent un regret d'une terre d'autrefois
Peuplée d'oisillons d'or beaux messagers des rois.

.

STEAMER

A Paul Fretin.

Une fumée à l'estuaire du fleuve,
    Fumée laide de charbon,
A bouillons grotesques sous les pavillons
De candeur du ciel et ses paillons de lumière.
    Phantasme du costume d'une veuve
Pour la mort d'un vieux dieu des marécages —
    Une fumée blafarde à l'estuaire du fleuve.

    Et s'avance le train puissant d'un vapeur
    En route d'Amériques et de toisons de cuivre.
    Des formes hâves aux bastingages
    Se penchent aux courtes Circés du sillage.
    De plus pâles faces se groupent aux cambuses
    Cependant que le pas long du capitaine,
Son pas long et calme sous la nue croque-mitaine
    Rassure de sa régularité de pendule.

C'est solide abri et réconfort contre le sort,
Ce pas solide de marin tanné, de marin saur.
Les peurs imaginaires d'un grain
Se dissolvent; sur ce bord
L'ivraie pullule :
Peaux de bique, forêts de crins,
Italiens trapus aux couteaux à ressort,
Allemands durs et longs comme trique
Dont ce steamer dote la tentante Amérique.

Le vaisseau blanc brille comme un albatros.
Verni de neuf sur une enseigne.
On perçoit des discours aux rostres
D'une boutique cérulée
A Hambourg, sur les quais
Express-départ pour Golconde.
Et les flambois de bouche rotonde
Embauchent le conquistador
Epris de telles rades d'or
Qu'il ne peut voir sa poche qui saigne.

Sur la mer de dol, qu'elle engloutisse ou qu'elle transporte
Des désolations vers les mornes portes
Qui ferment le palais des illusions mortes
Aux amants d'aventure fructueuse à foison,

La fumée du vapeur croule en aspect de spectre.
Sur l'estuaire du fleuve, des vies grises s'envolent
        En un filet de fumée, leur symbole
Comme au pont, près des chaloupes et des anspects,
            Glisse une tragique cargaison
            Vers des embûches d'Amérique.

SONGE

Les haches aux mains des forbans,
Les torches aux mains de rebelles,
Les sages clos en l'évocation
D'une irréparable Sion.

.

De tristes fantômes passant,
Les mains percées, les corps sanglants
En des haillons derniers de suaire,
Et les femmes sont en prières.

Les bourreaux sur la place
Causent gais en repassant
Sur leur manche de cuir les couteaux.
Les victimes, aux poteaux,
Attendent patiemment.

Puis un rire de multitude
Gicle sans savoir pourquoi,
Aux balcons une hébétude
Mansuète, échevins et bourgeois.

Le soleil est clair et la ville est blanche,
Des ruisselets de sang! on les lave,
De rares voix sèment la lave
De la vengeance et la haine franche
Aux lointains faubourgs, là-bas.

Haches, torches, et rires gras.

PAYSAGE

A la baronne Jacquemart.

Dans la vigne, les roses rouges
Eclatent en lèvres d'amour
Et des oiseaux écarlates
Gisent mi-pâmés, autour
Des pampres de joie et d'amour.
Les clowns du soleil bondissent sur la rivière
Eclairs de joie dorée, de joie d'argent, de joie rouge
Et la lumière verticale
Semble un dais immémorial
Sur les premiers baisers des lèvres rouges.

Ah, larges barques qui chantez au courant
La complainte de la vie lente

Et du calme rêve errant
Le long de la rade nonchalante,
Chalands obliques du rien-faire
Avec un rien de rêve vers les flèches du soleil,
Endormez le souci induré
Qui griffe le fond de l'âme humaine
Par ses troupeaux de sphinx aux paupières souveraines.

L'âme intérieure est le noir manoir
Dont le veilleur mémoire proclame l'heure,
Pour qu'apparaissent aux terrasses
Les rois chenus, les reines pâles, les esclaves noirs,
Les fantômes fatigants que brasse
La légende de l'amour triste et toute sa trace ;
L'âme intérieure est un caveau noir.

Mais le présent brise les portes de gloire,
Et par la volonté du rêve qu'on subit,
Du rêve qui s'installe en maître,
Du rêve reflet d'Amour dieu de l'être
Et du poëte, on retourne aux barques de rubis
Sous la face sereine d'amour et de soleil,
Et le confin du vivre se dore d'ardeur vermeille.

DIANE

Diane sur la plaine vide,
Diane sur les murs abandonnés
De la citadelle conquise,
Diane claire qui sonne sous les rayons
Du Dieu ardent
Sa chanson claire,
Diane mémoriale aux rires triomphants,
Sur les corps prostrés de l'ennemi.

Diane forte de la jeunesse,
Chanson des rythmes musculaires,
Diane grondante de colères,
Diane signal des torches,

Incendie sur le palais vermoulu
Où ratiocinent les moulus
Et les déshérités du concevoir.
Diane sur le glas des vieux miroirs
Qui se brisent en débris irisés.

Diane des clairons de colère,
Diane des vrais maitres de la terre,
Diane des héros de fièvre,
Résonne pendant que résonnent les haches
Et que flambe l'incendie qui purifie
L'heure trouble en un mirage de vérités en pierreries.

DEVENIR

Salut, bonheur du vivre ainsi compris ; voici :
Si la mère et l'amante seule qu'on a voulu
Vous ont laissé frémir seul aux terres d'ici.
Sache-toi seul pour le malheur sans merci.

N'écoute pas le pleur vers la vie éternelle,
Laisse couler le flot jaseur des grandes promesses :
Créer Dieu, pour les lettrés nos aïeux fut la prouesse,
Le triomphe de la fiction aux blanches ailes.

L'homme n'est pas un loup à l'homme s'il a sa soupe :
Donne de la tienne, et si la nuit terrible de l'ennui
Fond sur toi, prends la coupe,
La vie s'abrège et l'ennui s'enfuit.

Fais toi-même ta légende de foi
Et recherche ton Christ en un moment de toi
 Où tu fus bon par hasard.
 Les Christs régnants de par la loi
 Laissèrent règnes de divins rois
 Pour avoir été bons une fois.

REINES AU HASARD

Les Reines sont rouges et d'or aux tarots
Et leurs doigts glissent aux crinières
Des héros vaincus dans les berceuses premières
Où balbutiait l'humain épris
De caprice et de rêverie.
Les Reines d'antan vivaient dans la lumière ;
Des traines de bienfaits, aussi de guérisons
Suivaient leur pas rythmique et lent ;
Des violons et des théorbes
Escortaient le murmure en marche de leurs parfums.

Les reines d'aujourd'hui sont pâles et tremblent
Et meurent si tristes, sur des ilots d'exil,
Que les durs combattants de l'heure s'arrêtent regarder
A la lueur fumeuse des torches
Leur lente agonie, prier le grand repos.

Roi, reine et roi, nef battue, vaisseau de dérive,

    Fenêtres immédiates ouvertes sur une ombre,

        La seule qui se profile réelle,

    Carthage abandonnée du cœur des rites.

Tanit, vide, car l'avide est mort sous la main aride

        Du seul fort.

    Reines du roi mourant en face d'Avalon

    Que guettent blondes, les sirènes,

    Pleurons, la chose est faite, et le monde le sait.

IMAGE

A Fernand Brouez.

O Jésus couronné de ronces
Qui saigne en tous cœurs meurtris,
Larmes des consciences absconses,
Latente et commune patrie.

Humain de triste auréole
Que prient, les yeux agrandis,
Les pauvrets clos dans l'alvéole
D'une vie sans fête ni merci.

Hymne de celles aux pieds nus
Qui déchirent leurs doigts aux épines,
Et de celles qui dans la ravine
Pleurent de l'homme trop tôt venu.

Exemple de ceux qui gravissent
La route torte, montante ou plane,
Et dont les yeux se ternissent
D'avoir espéré des cabanes.

Symbole des métamorphoses
Qui punissent la vie du songe
D'enfances éprises d'apothéoses
Que guérissent la lance et l'éponge.

Temple de la mort — Dieu fréquente,
Perpétuelle léproserie,
Agonie et allégorie
Dont les vœux stériles s'enchantent.

Image de la maison du riche,
Qui dévaste sous l'œil de Dieu
Calme et silent dans sa niche,
La vigne du pauvre sous les cieux.

Image de la maison du riche,
Pour détourner l'accusatrice
Qui se lève évictrice
Pour l'âme même de ta justice.

Président des conciliabules
Pendant la nuit taciturne,
Des déshérités qui ululent
De l'inutile révolte diurne.

O Jésus couronné de ronces
Agonise dans les cœurs meurtris
Qui t'ont créé et t'ont nourri
Et souffrent de ce qu'on enfonce
Tous les jours dans ta poitrine
Les mêmes clous de vengeance humaine.

Tous les supplices de la haine
Invoquant ta face divine.

LA VILLE DU SOURIRE

Mon rêve évoque parmi l'ouate des brumes
L'or doux d'un adieu de soleil sur une ville
Lointaine et drapée de verdures fraîches dans une île,
    Plus chaste et voilée de silence pensif
Qu'aucune racontée aux vieux contes que lûmes,
    Tout entourée de bois aux ruisselets furtifs,
    De bois où les frondées frémissent de ramiers,
    Et des chants à mi-voix du fond des olivaies,
    Scanderaient les pas qui reviendraient
Joyeux et graves, vers les terrasses, près des palmiers.

    Les rues de la cité seraient pavées de dalles
    Où glisserait sans bruit la vitesse des sandales,
    Les places de la cité tout environnées d'ombre
    Garderaient pure la fraîcheur tendre des gazons.

8

Des sages dialogueraient des rythmes de raison,
Les filles aux tresses noires attendraient sans encombre
L'heure de remplir aux fontaines musiciennes
La jarre de cuivre et la jatte d'argile.
Des porteurs de fruits frigides, de statuettes fragiles
Circuleraient, dans cette beauté, d'un pas agile,
Au sourire doux des vendeuses de roses et d'alcées.

Au parvis des temples où seule brûle une lampe,
Des nattes fraiches invitantes au repos,
Pour écouter les conseils simples et les propos
D'un culte si calme et ténu « l'homme campe
Dans une vaste allée de cèdres, si touffus,
Qu'il ne peut discerner, à l'horizon réel, si au-dessus
De sa chanson et de la pensée de ses tempes,
Qu'une apparence de grand calme souriant,
Que parfois bouleversent les grondements du vent.
Qu'aux heures noircies, il se taise,
Qu'après les cris et les écumes de l'ouragan,
Il se lève, plus vivace, vers cette aumône de printemps ».

Au crépuscule, des myriades de feux,
Des harpes frissonnantes aux terrasses,
Alterneraient aux alacres flûtes qui passent,
Dans la joie d'un jour doucement laborieux.

Les coupes non plus d'oubli, mais de rêve d'or.
Aux jardins des parfums, à l'aube des étoiles,
Pareraient d'extase les danses des beaux corps
Des blanches ballerines, jaillies de leurs blancs voiles.

Et dans la nuit douce comme pulpe de fruit,
La nuit en guirlandes de fêtes de sourires,
Les strophes léguées par ceux que la grande nuit
Définitive enclôt (mais leur âme luit),
Aux lèvres d'arome des vocératrices,
Retentiront dans la ville de joie comme un office
　　　D'extase claire et tendre beauté
Par la cité splendide de baumes et de lyres.

Et j'y voudrais mûrir en son plus simple gîte
Ou vieillir près du port encombré de navires,
　　　Dans la cité de parures tranquilles,
　　　Exempte de cris et de masques,
　　　Dans la cité que nulle fièvre n'agite
　　　Où nulle parade ne babille
Ses taloches brutales ni ses cymbales fantasques.

Vieillir au calme port de la ville du sourire.

ROMANCE

Des fleurs soudaines, des rires de fée,
Des galions de nouvelles nouvelles,
Arrimés au bord d'une mer indolente
Près l'esplanade des grands pins,
La sieste à la vérandah parée de plantes
Et la paresse de l'éternel enfin.
Le voile inutile et la manivelle
Perpétuelle, Isis, reflet de rires de fées.

La vie cérébrale de l'oursin,
Sous des flots de soleil
Et le frisson d'îles lointaines,
Où s'époumonnent les sirènes,

On n'ira pas, c'est trop loin,
La vie est si courte de trève,
L'ennui est si intéressant,
Opium indolent et de bon sens.

Le zèle absurde des vigies
Vous trouble à la marche de l'écueil,
Tristes phénomènes que recueille
La statistique ! naufrages,
Tentative vaine à créer l'amphibie.
Dans les palais marins du bon accueil,
Dormez, vigies, dormez, rêves de vies,
Tout est trop loin, et si d'orage.

AILLEURS

Ce sont des océans parsemés de chorèges
Avec, sous un soleil de palmes, les mouvements
Lents et glissants des trirèmes sur l'élément
En soi terrible, mais qui module en arpèges
Les rythmes apaisés de son contentement.

Ce sont, auprès des temples exigus où deux fidèles
Seuls peuvent pénétrer pour célébrer les rites
Radieux répercutés du passé par les ailes
Des divins testaments que des arches abritent,
Loin des passants frêles, dans le secret des cryptes.

Assis parmi les roses et beaux de la parure
Pure des étoffes blanches et des blancs métaux
D'almes et calmes sages d'ample stature,
Expliquant les récits et les fastes de la nature
A de hautes vierges nues sous d'amples manteaux.

Les cieux sont sillonnés par des vols de colombes,
Des bandes de mouettes s'essaiment à l'horizon
Et la folie florale s'enlace au fond des combes,
Aux arbustes éclatants blessés de la saison
Et Priape ensoleillé s'émerveille dans les gazons.

REQUÈTE POUR LA JOIE

Au baron Jacquemart.

Las ! puissance douairière
Telle qu'elle, qu'on environna,
Dès les temps froids d'humaine misère,
D'holocaustes et de prières,
Puissance fermière de l'au-delà,

Dieu maître ou démiurge métayer,
Potentat de la foudre et de l'éclair,
Domination céleste et agraire,
Moloch d'hommes ou de béliers,
Vastitude une ou trinitaire,

Rafraîchis la forêt des douleurs
De vives sources, rires ou pleurs,
Car seul est bien triste le doute
De cheminer le long des routes,
Plus léger que poussière d'ailleurs.

Le los des choses s'est endormi,
D'avoir été, aux carrefours, clamé
Par les bouches futiles, à demi,
Des pèlerins mésestimés,
Bardes et jongleurs, devins à demi.

L'arachnéenne toile de vie,
C'est l'arabesque de l'ennui,
Pesant sous les astres de la nuit,
Avec lourds envols assagis
Des vieux rêves des vieux bannis.

Las ! puissance, créez la minute
Unique et splendide que rêvâmes,
Depuis des milliers de drames,
Les pauvres malades, les âmes,
Vers laquelle, aux cailloux, on bute.

Et ce serait, chez les anachorètes,
Perdus aux forêts des cités,
La gloire au vol précipité
Dans les lumières de la fête.
Las ! donnez l'aumône à la cité !

PANTOUM

C'est au plus âpre coin de la terre déserte,
Que la mère gardait l'enfant sauf des bourreaux —
Mon enfant si l'heure dure est froide, pour tes songes
Papillons de fête aux ailes de coraux —

L'enfant souriait, rouges lèvres et des paumes
De ses mains tendues vers les maigres ajoncs. —
La fête des songes reluit en tout palais,
Les feux clairs réchauffent sous les toits de chaume —

Les songes de l'enfant dansaient en rond
L'infini bonheur des primevères d'ambitions —
Vois-tu les chevrettes brouter l'herbe verte
Sur le sable aride des pauvres mamelons —

L'enfant s'éveillait, un coq chante, un âne brait,
La rafale du conte d'hiver se fait câline --
Les papillons dorés de la route difficile
Volent autour des attardés dans la ravine —

L'adipeux Hérode concerte des barreaux
Larges comme son ventre, et comme sa face laid- —
L'enfant éveillée apprend à sa poupée
Le reflet de tes dires, et ta chanson de mai.

SOIR A LA MER

La mer sourde pousse en crêtes de craie
Ses vagues montantes du trou noir d'horizon,
Les lumières des barques-phares sur la jonchaie
   D'ombres au plus lointain du son
Tressautent, perroquets maladroits, qui épellent
Quelque monotone et de tous soirs nouvelle.

Le vent à grands coups d'aile, chasse le nuage noir,
   Des étoiles s'éveillent au ras de l'entonnoir
   Où gémit la grande rumeur monotone.
   Sur la berge au lointain, un feu tremble
   Dans son manteau tordu de fumée noire
   Quelque feu singulier et timide de pauvres,
Ou louche et pauvre des gens timides de la maraude,
L'œil rouge d'un steamer luit à l'estuaire sombre.

Les dunes dorment rondes comme bêtes couchées
Comme bisons à bosse énorme,
Rêche, aux tons verdâtres d'écorce ;
L'arabesque de la voie lactée
Sourit en mignardes chapelles de clarté,
Tant que le vent rassemble en troupeaux d'ombre
Sur la large mer ses palais en décombres.

PAYSAGE

A Louis Hayet.

L'automne a jeté des fleurs ardentes
Au flanc des dunes où l'été murmurait
Ses conseils de somnolence et de baisers.
L'automne a paré ces terres qui vont dormir
D'un éclat de cierges et de chapelle ardente
Et le sol gris sous sa caresse s'est lilacé.

L'automne flambe les arbrisseaux
Et les éclate de baies rouges comme lèvres,
Le retrait d'herbe verte gardé d'arbresle,
D'où tranquille, je regardais jouer les faulx
Des labeurs dans l'étendue ouverte,
Semble tapis d'or mat à futaies violentes de coraux.

Les ruraux traquent les perdreaux
Leurs fusils broient le silence.
Automne en sa splendeur de ciel indifférent,
Dételle ses chevaux de nonchalance
Et son char luit gemmé de diamants orangés,
Et ses harnais flamboient de topazes en turbulence.

L'AME DE LA DUNE

L'Ame de la dune est une frileuse
Qui tend ses bras mous vers ses églises
Tout apeurée de foi, toute grêle et miséreuse
Et guette, les yeux clos, l'aubaine du naufrage
Sur son seuil de sable aux candeurs lisses.

Ses femmes trainent lentes vers la mer d'épaves
En quête de la tourbe, du bois mort et des clous,
Et du fer de carcasses de bateaux d'on ne sait où
Que le vent a brisés par la mer sans entraves.

Ses hommes passent lents au long des destinées
Des barques à la dérive, aux marins morts,
Attendant, pipe aux dents, la dragée que le sort
Leur jettera, parmi ces débris ensablés.

L'âme de la dune sanglote sous le vent,
Des harpes y songent des champs de destinées
Sous le beau soleil clair qui luit aux matinées.
Le soir, le vent des baguettes de son tambour

    Evoque les âmes dépouillées
    De ceux qui moururent à rebours
    De leurs espoirs et furent noyés.

NE T'ATTRISTE PAS

Ne t'attriste pas, ne t'attriste pas
Sur le miroir de la jeunesse,
Sur les heures liquides d'autrefois
Et la veillée perdue aux portes des forteresses.

Les manoirs d'idoles et de chapes brodées
Leurs manoirs aux voiles de lis irisés,
Les miroirs cendreux où le torse du passé
Dévoile ses plaies nues et le vautour de son foie
Ne s'entre-bâillent qu'à l'âme forte,
Précise d'un rêve de connaître
A travers les routes tortes
De la conscience en autel vers le non-être

Ce secret d'heures fauves où c'est le fou du roi
Déblayant les allées trainantes de feuilles mortes
    Qui prescrit la loi et la loque
Quand les portes s'effondrent sous les coups de marteau,

    Que midi du soleil pâlit à l'incendie
    Qui lèche de son cri grandiloque
Les pieds du fou perché sur le rebord du toit.

    Ne t'attriste pas, ne t'attriste pas
    Sur l'heure désespérée après le triomphe las,
    Lorsque les vainqueurs, la bêche sur l'épaule,
      Retournent vers les champs étroits.
      Les mamelles d'espoir sont pleines,
      Qui pendent au poitrail de Cybèle,
Les olives de Minerve gonflent des outres rebondies,
Les mains de Cybèle réchauffent tous les pôles
    Et la braise des grands brasiers sourit.

    Ne t'attriste pas, ne t'attriste pas.
Au marais du vivre planent des flèches lentes,
La vie tient ton poignet et te murmure l'andante
    De sa marche monotone,
La déesse mémoire garde aux lèvres aphones,
    Pour nos volontés mort flétries
    L'accueil vers les palais d'insomnies
Des futurs rêveurs aux proches incendies.

MÉTAPHORES DU COUCHER DE SOLEIL

I

C'est la mort du héros, près du marais d'or rouge,
Près du niveau livide des landes rousses de sang,
Et les bras consternés aux brassards de lumière
    Se tendent vers le casque qui roule ;
    Et l'amour et la vie désertent les yeux caves,
    Et la face désardentée pâlit plus hâve
Au flamboi plus profond des larges escarboucles,
Parure du casque d'or qui roule au gouffre rouge.

L'oriflamme du soir pavoise l'heure dernière.

II

Une robe de fête, un voile de pourpre et d'or. —
Longuement se retire d'un spectacle mélancolique,
D'un rêve cadencé de pleurs et de tortures
Une robe de reine, de merveilles et d'aventures.

Et la traine s'épand sur les perrons mélancoliques,
Et s'épand et ruisselle en terrasses de feu
A mesure que la grâce du buste et celle des yeux
Lentement s'éloignent du drame languissant,

Que concertent des mimes aux yeux couleur de sang
En chapes et mitres de pourpre et d'or.

III

Un bouquet de larges fleurs en incendies,
Au cœur coagulé de gloires flétries,
D'ardentes tiges vers le ciel d'espoir cueillies
Par des doigts pâles, terreur hors la nuit.

C'est au soir, le reflet qu'ici-bas la cité
Couronne ses murailles aux créneaux démolis
Et ses demeures rasées par le glaive ennemi
D'une corbeille de rouges calices d'incendies.

Et les miroirs du ciel purifient en l'extase
De l'envol des couleurs les plus belles et hautes
En fresques de mystère d'ardente joie ravie
En harmonie de sang au flanc du divin vase
Que les anges conduisent jusqu'aux lèvres de l'hôte,

Les affres et le mirage des terrestres cités.

AU PONT DES MORTS

Au pont des Morts les lansquenets y sont passés
      Avec casques, bottes et lances.
L'eau de la claire rivière est ici plus ombrée.
      Les faces blafardes des léproseries
Y béent leurs fenêtres, telles bouches dégarnies,
      On nombre les cailloux au fil du fleuve
Que longent, piétant à la tombe, de lentes veuves.

Au pont des Morts les lansquenets y sont passés !
      Des fillettes de légende, au temps jadis,
      Dansaient tout près, dans la prairie,
Et des tristesses d'après l'amour s'agenouillèrent
Près de l'arche moussue au calme abri de pierre.

Et des fillettes s'abandonnèrent au fil de l'eau
    Vers le mirage de musique des roseaux,
    Dont l'armée nombreuse éploie ses bandes frêles
    Du large présent à l'horizon grêle.

Au pont des Morts les lansquenets y sont passés
    Vers les citadelles et les cathédrales ;
    Leur hymne de beuverie et de bataille
    A chassé les doux fantômes exorcisés,
    Qui se levaient sur l'onde tranquille de Moselle
    Dans la brume d'été lors des flûtes du soir.
    Dès maintenant c'est le refrain et la querelle
    Quand les lampes s'éveillent aux cabarets noirs.

Au pont des Morts les lansquenets y sont passés.

LES ESTAMPES

A Léon Vanier.

Voici la saison dure aux pâleurs cendreuses
    Sur le sol et le ciel de la ville,
    Son décor naturel et son asile ;
    Les joviales armées des cheminées
    Hérissent de leurs armures creuses
    L'ardoise livide et la tuile.

C'est le temps, dans les soirs enclos, près des flambeaux
De regarder passer au défilé d'estampes,
Les songes solitaires dans leurs fourrures amples
De Rembrandt, qui se chauffent aux feux assourdis
Ou les sourires aux prés d'hiver d'un Vinci,
Les faces de mystère aux doigts levés vers l'infini
En face des Cythères, de tristesse légère aux parcs d'hiver
De Watteau, et les chimères aux pays de Mab, de Turner.

10

Puis après ces caprices de la joie irisée
D'un peu de douleur d'enthousiasme heurté
    Aux quais durs des réalités.
Les robustes bonheurs autour des brocs
Et les fumeries aux brunes salles chaudes,
Dont Jean Steen fut le grand hôte.
Ou les marches de fêtes parées d'or et d'émeraude
Avec des rois de faste, claironnés de hérauts
Dont s'enchantaient les Flandres et l'Italie.

Et puis les beaux visages épars aux heures courtes
De légendes de beauté sous les ciels bénis
Et les langueurs d'histoire qui bistrent les effigies.
    Des orphelins de rois aux cœurs transis
Et les saints de toute heure parmi tous les bourreaux,
Et les fleurs et les pleurs des vies toutes trop courtes.

    Voici la saison dure aux prisons de la cité.
    Aux chaînes de gel, aux vitres de pluie,
    Aux fossés la neige et l'ennui pour barreaux
      Par les jours en cécité.

TABLE

---

22 juin 90

ARRAS. — IMPRIMERIE DE CHARLES HÉRISSEY

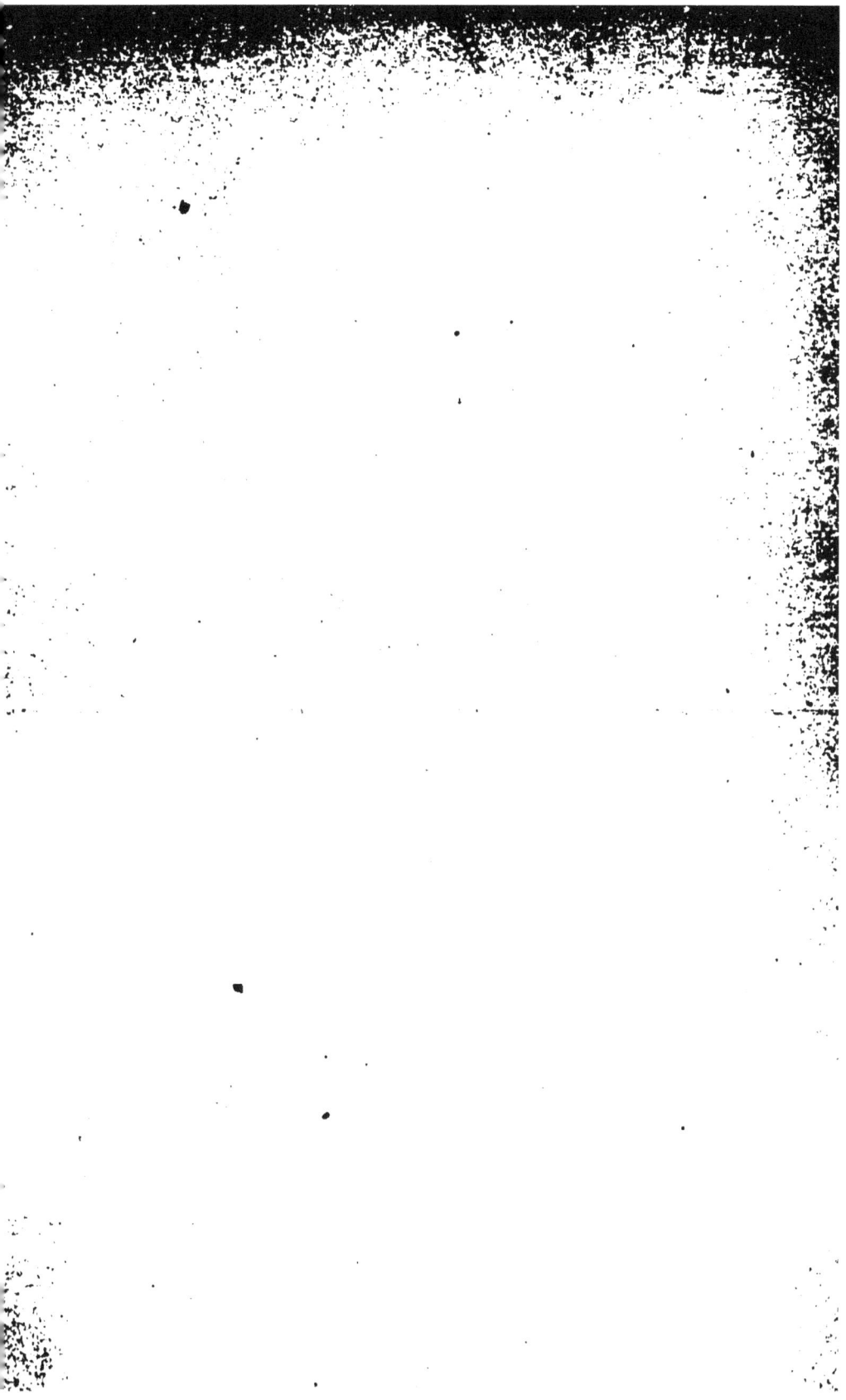

Librairie LÉON VANIER, 19, quai Saint-Michel, Paris

Envoi franco contre timbres-poste ou mandat.

ARTHUR RIMBAUD

POÉSIES COMPLÈTES, avec préface et portrait. 3 50
LES ILLUMINATIONS. — LA SAISON EN ENFER. 3 50

JULES LAFORGUE

POÉSIES COMPLÈTES. . . . . 6 »
MORALITÉS LÉGENDAIRES . . . . . . 6 »

JEAN MORÉAS

LES SYRTES 3 50
LES CANTILÈNES. 3 50
LE PÈLERIN PASSIONNÉ 3 50
AUTANT EN EMPORTE LE VENT . . . . 3 »

STUART MERRILL

LES FASTES . . . . 3 »
PETITS POÈMES D'AUTOMNE. . . . . 3 »

HENRI DE RÉGNIER

ÉPISODES. — SITES ET SONNETS. 3 50

ADOLPHE RETTÉ

CLOCHES EN LA NUIT 3 50
UNE BELLE DAME PASSA. 3 50
TROIS DIALOGUES NOCTURNES. . . . . 3 »

GUSTAVE KAHN

LES PALAIS NOMADES. 3 50
LA PLUIE ET LE BEAU TEMPS 3 50

FRANCIS VIELÉ GRIFFIN

LES CYGNES 3 50
LA CHEVAUCHÉE D'YELDIS. 3 50

TRISTAN CORBIÈRE

AMOURS JAUNES. 3 50

EDMOND PILON

POÈMES DE MES SOIRS 3 50

* 9 7 8 2 0 1 2 5 6 3 1 2 4 *